Das total verrückte Bastelbuch

Disneys ART ATTACK

DORLING KINDERSLEY
London • New York • München

Dorling Kindersley

Gestaltung Jacqueline Gooden
Redaktion Penelope York
Bildredaktion Rebecca Johns
Lektorat Fiona Robertson

Modelle Jim Copley
Fotos Steve Gorton

Chefbildlektorat Rachael Foster
Cheflektorat Mary Ling
Herstellung Lisa Moss
DTP-Design Almudena Díaz

Die Deutsche Bibliothek – CIP-Einheitsaufnahme

Ein Titeldatensatz für diese Publikation ist bei
Der Deutschen Bibliothek erhältlich.

Titel der englischen Originalausgabe:
Great Art Attack Stuff

© Dorling Kindersley Limited, London, 1999
Ein Unternehmen der Penguin-Gruppe

© der deutschsprachigen Ausgabe by Dorling Kindersley Verlag GmbH,
München, 2002
Alle Rechte vorbehalten

In neuer Rechtschreibung

Übersetzung Wiebke Krabbe

ISBN 3-8310-0298-3

Printed and bound in Italy by L.E.G.O

Besuchen Sie uns im Internet
www.dk.com
www.disney.de/artattack

INHALT

EINLEITUNG 4–5
RIESENKALENDER 6–7

ARM-WAND-UHR 8–9
DSCHUNGELRAHMEN 10–11

WACKELOHREN 12–13

DRUCKSACHE 14–15
FARBSPIELE 16–17

FANTASIEFLIEGER 18–19
HEISSE JETS 20–21

BUCHDECKEL 22–23
KREIDEKÖPFE 24–25

INHALT

TOP T-SHIRTS 26–27
NAH UND FERN 28–29

POP-UP-KARTEN 30–31
STIFTHALTER 32–33

MAGISCHE MASKEN 34–35

KNICK-TRICK 36–37
GLITZERBILDER 38–39

HELL UND DUNKEL 40–41
KNITTERKUNST 42–43

FOLIENBILDER 44–45
3-D-EFFEKT 46–47

KLAPPBILDER 48–49
EINGERAHMT 50–51

TÜRKLOPFER 52–53

SPINNENTANZ 54–55

FARBWELLEN 56–57

VIDEO CITY 58–59
LICHTERSTADT 60–61

TIPPS & TRICKS 62–63
REGISTER 64

ART ATTACK ★ *Frag lieber erst um Erlaubnis, bevor du mit dem Basteln anfängst!*

EINLEITUNG

Hallo! Darf ich vorstellen: ART ATTACK – Das total verrückte Bastelbuch! Eine neue Sammlung von Ideen, die einfach nachzumachen sind, prima aussehen und die man auch gebrauchen kann. Da gibt es tolle 3-D-Modelle, starke Dekorationen oder ganz einfache Techniken für erstaunliche Bilder. Und denk dran: Für einen Riesen-Bastelspaß musst du nicht gut malen oder zeichnen können. Hauptsache, du hast Spaß dabei. Probier es aus, schnapp dir Stifte, Farben und allerlei Krimskrams – und los geht's.

Transparentpapier

Aluminiumfolie

Seidenpapier

Bindfaden

Küchenrolle

Bunte Kreide

Pinsel

Musterklammern

! Sei mit Klebstoff, Schere und anderen scharfen Gegenständen sehr vorsichtig.

EINLEITUNG

Leimmischung
Für viele Bastelarbeiten in diesem Buch brauchst du eine Leimmischung. Für eine gute Mischung nimmst du doppelt so viel PVA-Bastelleim wie Wasser.

Zwei Teile Bastelleim + Ein Teil Wasser = Fertige Leimmischung

Marker in Gold und Silber

Marker ★

Luftballons

Plakafarben

Acrylfarben

Pappe

Bunter Fotokarton

Zeitungspapier

Klarsichtfolie

Geschenkpapier

Krimskramskiste
Halte die Augen offen nach Dingen, die andere wegwerfen. Vielleicht brauchst du gerade altes Geschenkpapier oder Kartons.

Buntstifte

Zeichenhilfen

Kluger Kopf
Achte auf diesen Kopf! Er taucht immer wieder auf und gibt dir viele nützliche Tipps zu deinen Bastelarbeiten.

★ Öffne das Fenster, wenn du mit Markern arbeitest.

ART ATTACK

RIESENKALENDER

"Welcher ist heute?" – Der Riesenkalender verrät es dir. Er sieht aus wie eine Uhr, zeigt aber nicht die Zeit an, sondern das Datum.

Kalender aus Pappe

Material

Wellpappe Zeitung Dünne Pappe
Klebeband Plastikbecher Farbe
Klopapier Musterklammer Kleiner Teller
Knetmasse Leimmischung
Schere
Lineal
Bleistift
Pinsel
Marker

1 Lege einen kleinen Teller auf die Seitenwand eines Kartons und zeichne rundherum. Markiere mithilfe des Lineals den Mittelpunkt des Kreises.

Lege beim Durchstechen der Mitte einen Klumpen Knetmasse unter.

2 Schneide den Kreis aus. Der wird das Zifferblatt der Uhr. Drücke mit dem Bleistift in der Mitte ein Loch hinein.

Rolle das Zeitungspapier fest zusammen.

Rolle eine Kugel aus Zeitungspapier und klebe sie als Aufziehknopf an die Uhr.

Rolle ein Stück Zeitung für den Dorn und befestige ihn mit Klebeband in der Mitte der Schnalle.

5 Drehe die Uhr um. Rolle eine Wurst aus Zeitungspapier und verdrehe sie in sich, damit sie hält. Befestige sie mit Klebestreifen am Rand des Zifferblatts.

6 Rolle für die Schnalle eine dünnere Wurst aus Zeitungspapier. Biege sie wie ein großes C und klebe sie am geraden Ende des Armbandes fest.

RIESENKALENDER

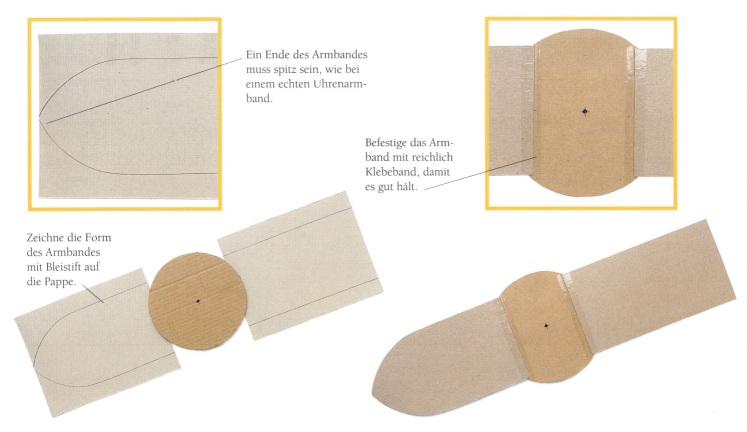

Ein Ende des Armbandes muss spitz sein, wie bei einem echten Uhrenarmband.

Befestige das Armband mit reichlich Klebeband, damit es gut hält.

Zeichne die Form des Armbandes mit Bleistift auf die Pappe.

3 Lege für das Armband zwei Stücke dünner Pappe rechts und links neben das Zifferblatt. Zeichne einen Streifen, der etwas schmaler als der Kreisdurchmesser ist. Schneide beide Teile aus.

4 Schiebe die beiden Streifen ein Stück auf das Zifferblatt und klebe sie fest. Sie müssen gut halten, denn das wird die Rückseite deiner Uhr.

Bedecke Vorder- und Rückseite der Uhr. Lasse die eine Seite erst trocknen, bevor du die andere bearbeitest.

Vielleicht musst du das Loch in der Mitte noch einmal durchstechen.

7 Damit die Uhr richtig stabil wird, streiche sie mit Leimmischung ein und lege Klopapier auf die bestrichenen Teile. Über Nacht trocknen lassen, damit der Leim schön hart wird.

8 Male die Uhr mit Acryl- oder Plakafarbe an. Nimm für das Zifferblatt weiß und für das Armband eine leuchtende Farbe, damit es wie Plastik aussieht. Die Metallteile sehen in Gold besonders edel aus.

7

ART ATTACK

ARM-WAND-UHR

Noch ein paar Handgriffe, dann ist deine Arm-Wand-Uhr fertig. Hänge sie so auf, dass du sie gut sehen kannst, damit du immer das Datum weißt.

Der große Zeiger muss bis an die Zahlen im äußeren Kranz reichen.

Zeiger-Tipp
Pass auf, dass die Zeiger nicht zu lang werden, damit sie nicht die Zahlen verdecken.

Der kleine Zeiger reicht bis an die kleinen Zahlen.

Probiere andere Muster für das Armband aus. Wie wäre es mit bunten Tupfen?

Die Zeiger basteln
Schneide aus fester Pappe zwei Zeiger aus und stich je ein Loch in das runde Ende. Schiebe eine Musterklammer durch die Zeiger und das Loch im Zifferblatt und biege sie auf.

Die großen Zahlen stehen für die Monate.

Zeichne die Zahlen vor. Wenn sie dir gefallen, male sie mit schwarzem Marker nach.

Male die Zeiger passend zum Rest der Uhr an.

Mit schwarzem Marker kannst du das Armband noch verschönern und Einzelheiten wie eine Naht aufmalen.

ARM-WAND-UHR

Um das Datum einzustellen, drehst du den großen Zeiger auf den richtigen Monat (1–12) und den kleinen Zeiger auf den richtigen Tag (1–31).

Tupfen und Kreise
Probiere verschiedene Muster und Farben aus. Du kannst auch für jedes Zimmer eine Uhr basteln, damit man überall das richtige Datum ablesen kann.

Fast fertig
Wenn du deine Kalender-Uhr angemalt hast, kannst du noch kleine Details hinzufügen, damit sie garantiert ein Einzelstück wird.

Male den Kreis für den kleinen Zahlenkranz um einen Plastikbecher herum.

Zahlen-Tipp
Wenn du die großen Zahlen aufmalst, fange mit 12, 3, 6 und 9 an. Dann setze die anderen dazwischen.

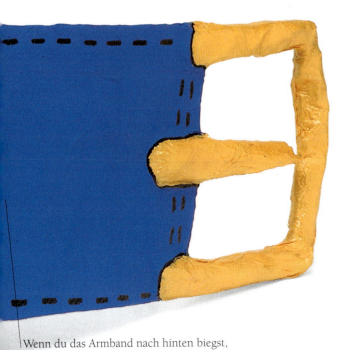

Wenn du das Armband nach hinten biegst, steht die Uhr auch auf dem Tisch.

Das Zifferblatt aufmalen
Du musst auf das Zifferblatt zwei Zahlenkreise malen, einen von 1 bis 12 und einen von 1 bis 31. Die Abstände zwischen den Zahlen sollten gleichmäßig sein. Teile den Kreis für die Tage in 31 gleiche Stücke ein.

9

ART ATTACK

DSCHUNGELRAHMEN

Hast du ein Foto, dem noch ein ungewöhnlicher Rahmen fehlt? Wie wäre es denn mal mit einem Bild im Safari-Stil?

Rahmen aus Zweigen

Der Rahmen sollte doppelt so hoch und breit wie dein Bild sein.

Knote die Enden fest zusammen und schneide sie ab.

Material

Zeitung und Bild

2 lange und 2 kurze Zweige

Küchenrolle   Leimmischung

Bindfaden

Klebestift   Knetmasse   Farbe

Schere

Pinsel

Bleistift

Marker

1 Nimm vier Zweige und lege sie zu einem rechteckigen Rahmen. An den Ecken müssen sie jeweils ein Stück überstehen.

2 Schneide für jede Ecke ein Stück dicken Bindfaden ab und verschnüre die Ecken fest. Wickle den Faden drei Mal in der einen und drei Mal in der anderen Richtung herum.

Das Küchenpapier wird ganz knitterig.

Klebe viel Küchenpapier auf, damit die Fläche dick wird.

Man kann auf beide Seiten ein Bild kleben. Male deshalb auch die Rückseite an.

Schmierkram
Decke den Tisch mit reichlich Zeitungspapier ab, bevor du die Küchenrolle aufklebst. Das ist eine schmierige Angelegenheit.

3 Für das runzlige Leder reißt du ein Stück Zeitung aus, das in den Rahmen passt. Dann bestreichst du es mit Leimmischung und klebst viele kleine Vierecke aus Küchenpapier darauf.

4 Lass den Leim über Nacht trocknen, damit das „Leder" schön hart wird. Dann malst du es mit hellbrauner Farbe von beiden Seiten an.

DSCHUNGELRAHMEN

Die Schnüre müssen so lang sein, dass du sie am Rahmen festknoten kannst.

Nimm zum Aufkleben des Bildes nur wenig Klebstoff.

5 Lege ein Stück Knetmasse unter die vier Ecken und stich mit einem Bleistift Löcher hinein. Fädele ein Stück Bindfaden durch die Löcher und binde das „Leder" an den vier Ecken des Rahmens fest. Nimm den gleichen Bindfaden, mit dem du auch die Ecken verschnürt hast.

6 Such ein Bild aus, das in den Rahmen passt. Zu dem Safari-Rahmen würde beispielsweise ein wildes Tier gut passen. Schneide das Bild aus, tupfe etwas Klebstoff auf die Rückseite und klebe es in die Mitte des „Leders".

Dschungel-Safari-Rahmen
Wenn du am oberen Zweig ein Stück Bindfaden befestigst, kannst du das Bild aufhängen – vielleicht an einem Türgriff, an ein Regal oder über dein Bett.

Auf den Hintergrund kannst du mit Marker noch Fußspuren malen.

Wie groß der Rahmen wird, kannst du selbst entscheiden – je nachdem, was hinein soll.

Draußen bleiben!
Wenn du kein Bild einrahmen willst, kannst du auch ein Schild für deine Zimmertür basteln.

11

ART ATTACK

WACKELOHREN

Diese frechen Kerle dürfen nicht zu klein sein, sonst sieht man nicht, wie die Ohren wackeln. Du brauchst nur Pappe und Musterklammern.

Gesicht aus Pappe

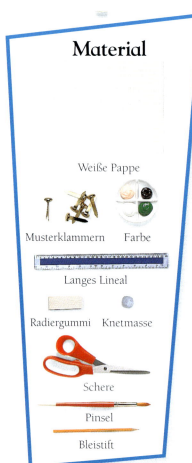

Material

Weiße Pappe
Musterklammern   Farbe
Langes Lineal
Radiergummi   Knetmasse
Schere
Pinsel
Bleistift

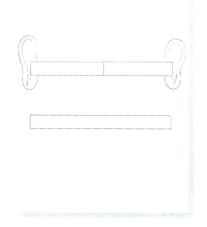

Lege ein Stück Knetmasse unter den Pappstreifen und stich mit dem Bleistift ein Loch hinein.

1 Zeichne auf der Pappe zweimal um das Lineal herum. Male an einen Streifen zwei Ohren. Schneide beide Streifen aus und den Ohrenstreifen in der Mitte durch.

2 Stich 2 cm vom Ende des langen Streifens entfernt ein Loch in die Pappe. Stich auch 2 cm von den Enden der beiden Ohrenstreifen entfernt Löcher.

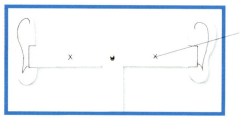

Zeichne die Mitte zwischen dem Ohr und der Musterklammer an und stich hier ein Loch.

Diese Löcher liegen später hinter den Augen. Hier werden auch die Wackelohren am Gesicht befestigt.

3 Lege die drei Streifen wie abgebildet an den Löchern übereinander und hefte sie mit der Musterklammer zusammen. Das ist der Ohrenwackelmechanismus.

4 Nimm noch ein Stück Pappe und lege den Ohrenwackelmechanismus darauf. Zeichne die Innenränder der Ohren und die Punkte in der Mitte der kurzen Streifen an.

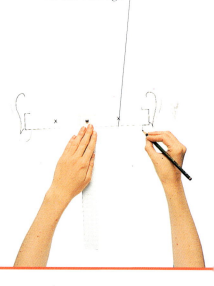

WACKELOHREN

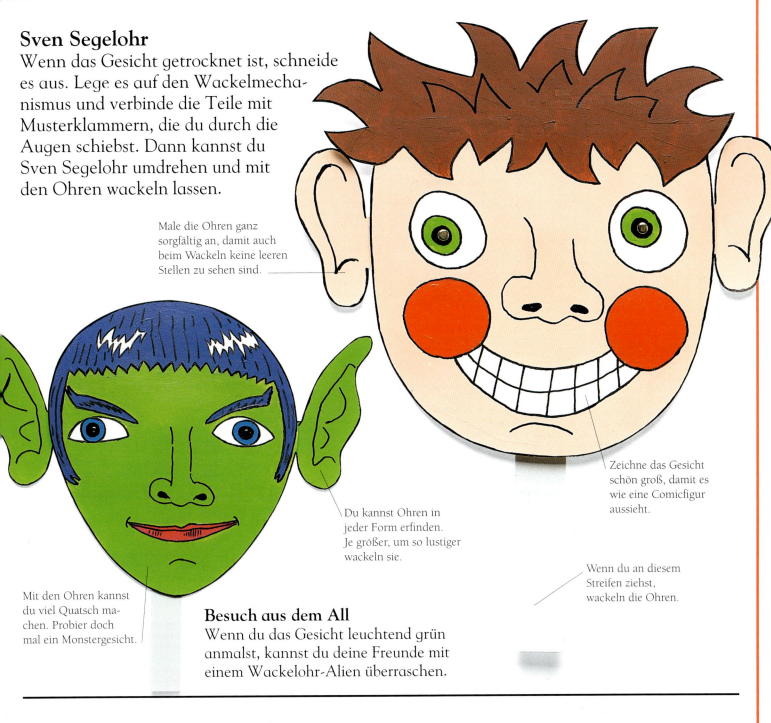

Sven Segelohr
Wenn das Gesicht getrocknet ist, schneide es aus. Lege es auf den Wackelmechanismus und verbinde die Teile mit Musterklammern, die du durch die Augen schiebst. Dann kannst du Sven Segelohr umdrehen und mit den Ohren wackeln lassen.

Male die Ohren ganz sorgfältig an, damit auch beim Wackeln keine leeren Stellen zu sehen sind.

Mit den Ohren kannst du viel Quatsch machen. Probier doch mal ein Monstergesicht.

Du kannst Ohren in jeder Form erfinden. Je größer, um so lustiger wackeln sie.

Zeichne das Gesicht schön groß, damit es wie eine Comicfigur aussieht.

Wenn du an diesem Streifen ziehst, wackeln die Ohren.

Besuch aus dem All
Wenn du das Gesicht leuchtend grün anmalst, kannst du deine Freunde mit einem Wackelohr-Alien überraschen.

5 Jetzt kannst du ein Gesicht zeichnen, das genau zwischen die Ohren passt. Stich durch die beiden Punkte mit dem Bleistift Löcher und nimm sie als Mittelpunkt der Augen.

6 Wenn dir dein Gesicht gefällt, male es mit Acryl- oder Plakafarben an. Vergiss die Ohren nicht! Lass die Farbe über Nacht trocknen.

ART ATTACK

DRUCKSACHE

Ausgefallenes Briefpapier ist teuer. Aber du kannst dir dein ganz persönliches Papier selbst drucken – mit Händen und Füßen.

Zettel werden Briefpapier

Pappe und weißes Din-A-4-Papier

Farbe   Weiße Umschläge

Material

Schmierkram! Frag auf jeden Fall um Erlaubnis, bevor du anfängst. Das Drucken macht Spaß, schmiert aber mächtig. Probier's doch mal draußen!

1 Lege ein Stück weißes Papier auf alte Zeitungen. Tritt mit dem Fuß in Plakafarbe, dann drücke ihn auf das Papier.

2 Probiere unterschiedliche Muster aus. Du kannst den Fuß in viele verschiedene Farben tauchen.

Witzig sehen auch ein paar Daumenabdrücke auf dem Umschlag aus.

Schneide verschiedene Schablonen aus Pappe aus.

3 Du brauchst natürlich auch passende Umschläge. Diesmal tauchst du deine Hand in Farbe und bedruckst die Umschläge.

4 Du kannst auch Schablonen aus Pappe ausschneiden. Tauche die Schablonen in die Farbe und drucke mit ihnen Muster auf Briefbögen und Umschläge.

DRUCKSACHE

Geranienhof
Dorfstraße 2
12121 Neustadt

1 April 1999

Liebe Oma und lieber Opa,

ich hoffe, Euch geht es gut. Wir hatten ein tolles Wochenende an der See. Die Sonne hat geschienen und wir haben die ganze Zeit am Strand gespielt. Meine Sandburg war die größte!

Das Meer war ziemlich kalt, aber wir haben trotzdem den ganzen Tag gebadet. Nils kann jetzt auch schon schwimmen!

Viele liebe Grüße, Emma

Ab geht die Post!!

Wenn dein Briefpapier fertig ist, kannst du gleich einige Briefe schreiben. Schreib doch an Verwandte oder an einen Freund, der umgezogen ist und von dem du lange nichts gehört hast.

Es sieht auch interessant aus, wenn du nur einen Teil vom Fuß abdruckst.

Herrn und Frau Kleber
Leimgasse 42
23456 Pappenburg

Denk daran, die vollständige Anschrift auf den Brief zu schreiben.

Saubere Finger

Wenn du mit Pappschablonen druckst, klebe hinten eine Schlaufe aus Klebeband dran, an der du die Schablone beim Eintauchen festhalten kannst.

Luftpost
Witzig sehen auch Daumenabdrücke aus, die in Luftballons verwandelt werden. Drucke die Ballons auf das Papier und male unten ein Bändchen dran, dann sieht es aus, als ob sie fliegen.

Drucke auch passende Umschläge zu deinem Papier.

15

ART ATTACK

FARBSPIELE

Ist dir schon mal aufgefallen, dass manche Farben warm und andere kalt wirken? Male doch ein Bild mit beiden Arten von Farben.

Winterbild

Material

Schwarzes Papier

Bunte Kreide

Weiße Kreide

Farbproben
Eine prima Hilfe ist eine Farbprobe. Überlege, welche Farben passen könnten, dann male für jede Jahreszeit eine Farbprobe auf einen Bogen Papier.

Auf der oberen Hälfte dieser Farbprobe sind die kühlen Farben, darunter die warmen.

1 Zeichne ein Bild in warmen Farben. Sie sind leicht zu erkennen, denke einfach an warmen Sonnenschein und heißes Feuer: Rot, Orange, Gelb. Zeichne zuerst mit gelber Kreide ein gemütliches Zimmer am Kaminfeuer.

2 Jetzt nimm Orange dazu. Schon fängt das Feuer im Kamin zu leuchten an und das Zimmer wird noch gemütlicher. Verwische das Feuer ein bisschen mit dem Finger, damit sich die Wärme ausbreitet.

3 Zum Schluss kommt feuriges Rot dazu. Setze ein paar Striche in die Flammen, dann zeichne Gardinen, Sessel und Lampe. Siehst du, wie warm und gemütlich das Zimmer mit diesen Farben wird?

4 Jetzt kommen die kühlen Farben dran: Schneeweiß, Eisblau und Minzgrün. Zeichne den Blick durchs Fenster. Draußen ist Winter mit Eis und Schnee. So wird der Unterschied zwischen den warmen und den kalten Farben deutlich.

FARBSPIELE

Wintergemütlichkeit
Obwohl du auf schwarzem Papier gemalt hast, wirkt das Bild warm. Das liegt an den ausgewählten Farben. Durch die kalten Farben im Fenster fühlt sich das warme Zimmer besonders gemütlich an.

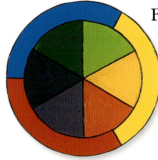

Farbkreis
Rot, Gelb und Blau sind die Primärfarben. Aus ihnen kann man alle anderen Farben mischen.

Die Winterfarben lassen die Welt draußen kalt aussehen.

Herbsttag
Wenn du ein Herbstbild malst, denk an die Farben der fallenden Blätter: dunkles Rot, Orange und viel Braun. Zeichne ein Herbstbild mit diesen Farben.

Sommerferien
Probiere die Sommerfarben aus und denke dabei an helles Sonnenlicht, das alle Farben leuchten lässt. Nimm vor allem Primärfarben, damit das Bild richtig sonnig aussieht.

Frühlingsluft
Zu den Frühlingsfarben gehört Blütenrosa, Narzissengelb und frisches Grün. Mit diesen Farben bekommst du ein fröhliches Frühlingsbild.

17

ART ATTACK

FANTASIEFLIEGER

Auch die futuristischen Flieger in Computerspielen und Weltraumfilmen haben einmal als Modell angefangen. Erfinde deinen eigenen Flugzeugtyp.

Flieger aus Kartons

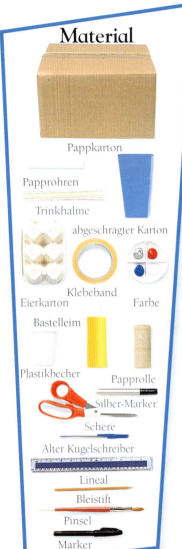

Material

Pappkarton
Pappröhren
Trinkhalme
abgeschrägter Karton
Eierkarton
Klebeband
Farbe
Bastelleim
Plastikbecher
Papprolle
Silber-Marker
Schere
Alter Kugelschreiber
Lineal
Bleistift
Pinsel
Marker

1 Lege den abgeschrägten Karton auf ein Stück feste Pappe. Zeichne auf beiden Seiten breite, dreieckige Flügel dran.

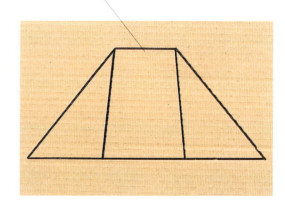

Verbinde die Flügel mit einer Linie.

2 Nimm den Karton weg und verbinde die Flügel mit Linien. Schneide die Flügel sorgfältig aus. Knicke sie mit einem Lineal auf den Linien (rechts).

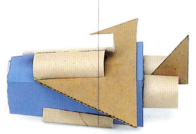

Schneide noch eine Toilettenpapier-Rolle auf, klappe sie auseinander und klebe sie auf die Unterseite des Flugzeugs.

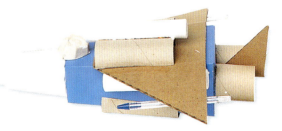

Klebe an die Spitze des Flugzeugs einen Flaschenverschluss und den Deckel von einem alten Kugelschreiber. Jetzt sieht der Jet superschnell aus.

Klebe die dünne Röhre zwischen die beiden dickeren auf den Rücken des Flugzeugs.

5 Schneide eine Papprolle von Toilettenpapier senkrecht auf und klappe sie auseinander. Klebe diese beiden Halbröhren auf den Rücken des Fliegers.

6 Jetzt setzt du dünne Pappröhren und alte Kugelschreiber als Düsen und Raketen unter die Flügel. Klebe ein Stück Eierkarton als Cockpit auf.

FANTASIEFLIEGER

Knicke die Flügel, wo sie vom Rumpf abstehen, über einem Lineal ab.

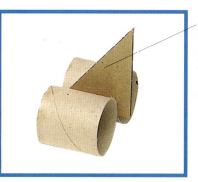

Für die Heckdüsen und den Schwanz halbierst du eine Papprolle, schiebst ein Pappdreieck dazwischen und klebst alles mit Leim fest zusammen.

Klebe die Teile fest zusammen. Lass am vorderen Ende etwas Platz frei.

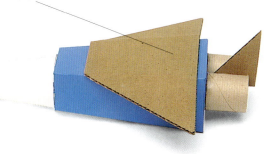

Aus diesen Teilen besteht die Grundform des Fliegers. Jetzt kannst du ihn noch mit Pappröhren, Trinkhalmen und viel Fantasie verzieren.

3 Dreh die Pappe um und lege die Flügel auf den abgeschrägten Karton, sodass sie schräg nach unten zeigen. Befestige sie mit Klebeband.

4 Klebe vorn als Nase einen Plastikbecher an. Hinten klebst du den Schwanz mit den Düsen fest.

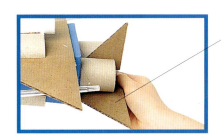

Schneide für die Heckflosse ein Pappdreieck zu und klebe es unter die beiden Düsen am Schwanzende des Jets.

Male dein Flugzeug in tollen Farben an, damit es wirklich ein echter Fantasieflieger wird.

7 Beklebe die Papprollen am Heck des Fliegers rundherum mit zugeschnittenen Trinkhalmen. Bevor du den Flieger anmalst, prüfe nach, ob alles fest zusammengeklebt ist.

8 Jetzt wird der Flieger angemalt. Nimm einen Silberstift für die Düsen und die Fenster, den Rest malst du mit Plakafarbe an. Damit die Farbe an den Plastikteilen haftet, musst du sie mit etwas Leim mischen.

ART ATTACK

HEISSE JETS

Jetzt können die tollen Flieger starten. Hänge sie in verschiedenen Winkeln auf, dann sieht es aus, als ob sie kreuz und quer durchs Zimmer düsen.

Lauter Müll!
Je mehr Müll du verarbeitest, um so toller sieht der Flieger aus. Du musst einfach ausprobieren, welche Dinge du gut gebrauchen kannst.

Mit den breiten Dreiecksflügeln sieht das Flugzeug wie ein echter Düsenjet aus.

Die Pappröhren sehen wie Düsen und Reservetanks aus.

Rosa Renner
Mit verrückten Farben und fantasievollen Mustern wie dieser Regenbogenkante werden deine Jets einmalig.

Meine Airline
Erfinde ein Symbol für deine eigene Fluglinie und male sie auf die Flieger.

Auch die Heckflosse wird passend bemalt.

Male die Stifte mit Acrylfarben an.

Baue ein Cockpit aus Pappe, das sich etwas über den Rumpf erhebt.

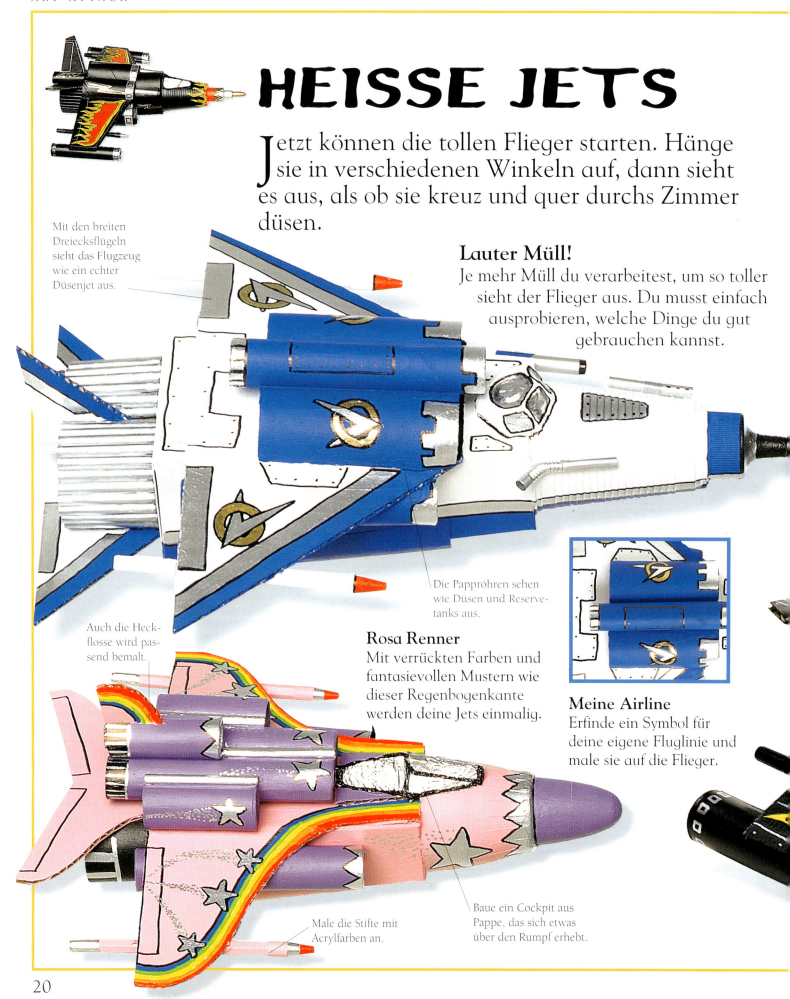

HEISSE JETS

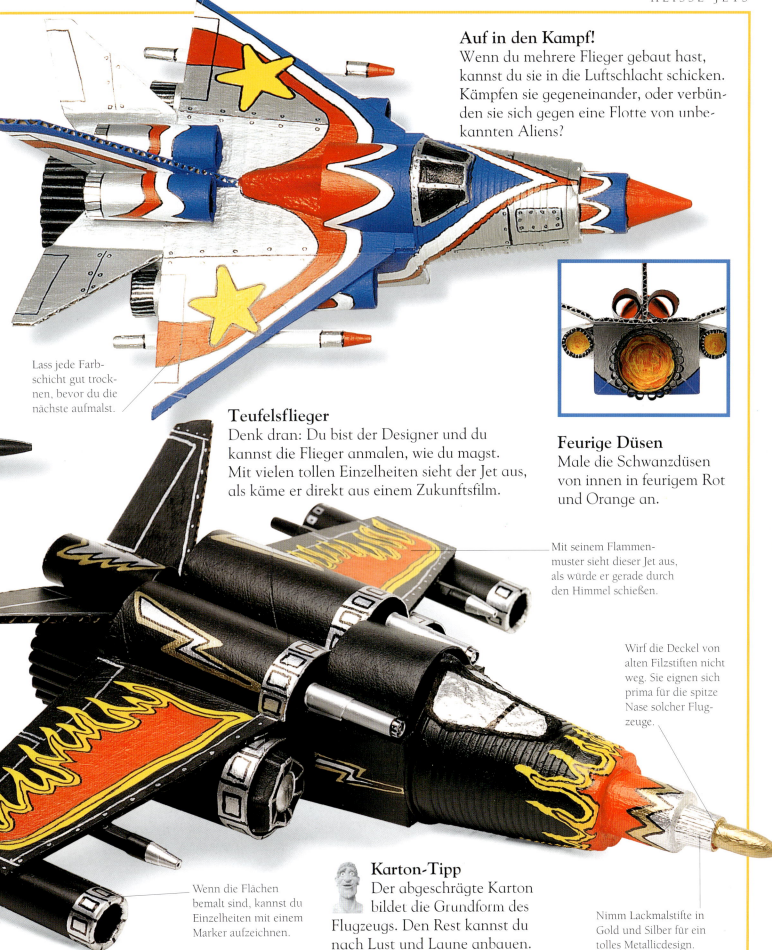

Auf in den Kampf!
Wenn du mehrere Flieger gebaut hast, kannst du sie in die Luftschlacht schicken. Kämpfen sie gegeneinander, oder verbünden sie sich gegen eine Flotte von unbekannten Aliens?

Lass jede Farbschicht gut trocknen, bevor du die nächste aufmalst.

Teufelsflieger
Denk dran: Du bist der Designer und du kannst die Flieger anmalen, wie du magst. Mit vielen tollen Einzelheiten sieht der Jet aus, als käme er direkt aus einem Zukunftsfilm.

Feurige Düsen
Male die Schwanzdüsen von innen in feurigem Rot und Orange an.

Mit seinem Flammenmuster sieht dieser Jet aus, als würde er gerade durch den Himmel schießen.

Wirf die Deckel von alten Filzstiften nicht weg. Sie eignen sich prima für die spitze Nase solcher Flugzeuge.

Wenn die Flächen bemalt sind, kannst du Einzelheiten mit einem Marker aufzeichnen.

Karton-Tipp
Der abgeschrägte Karton bildet die Grundform des Flugzeugs. Den Rest kannst du nach Lust und Laune anbauen.

Nimm Lackmalstifte in Gold und Silber für ein tolles Metallicdesign.

21

ART ATTACK

BUCHDECKEL

Magst du alte Bücher? Dann verwandele doch deine langweiligen Kladden in schöne, antike Tagebücher.

Altes Tagebuch aus neuer Kladde

Material

Kladde und Lappen

Toilettenpapier   Leimmischung

Schuhcreme   Farbe

Bleistift

Pinsel

Marker

1 Nimm eine schlichte Kladde mit festem Umschlag und lege Streifen von Toilettenpapier darauf. Dann streiche alles mit Leimmischung ein. Das Toilettenpapier saugt den Leim auf und klebt fest.

2 Beklebe das ganze Buch von vorn und hinten. Klebe auch etwas auf die Innenseite der Buchdeckel, damit sie sich nicht verbiegen. Lass alles über Nacht gut trocknen.

Klebe so viel Toilettenpapier auf, dass der ganze Buchdeckel gut bedeckt ist.

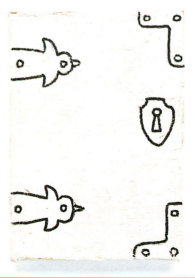

3 Damit das Buch uralt aussieht, zeichne Scharniere an den Rücken und Metallwinkel mit Nägeln auf die Ecken. Damit alle wissen, dass es ein privates Tagebuch ist, zeichne auch ein Schloss mit Schlüsselloch darauf.

4 Wenn der Entwurf fertig ist, tauche etwas Toilettenpapier in die Leimmischung und drücke es gut aus. Modelliere mit diesem Brei die aufgezeichneten Einzelheiten nach. Über Nacht trocknen lassen.

Drücke den Brei einfach auf das Buch und forme ihn mit den Fingern.

BUCHDECKEL

Reibe die Schuhcreme mit einem weichen Lappen in die Falten und Rillen.

Male das „Metall" mit Goldfarbe an.

5 Jetzt kommen die Farben an die Reihe. Du kannst das Buch mit Acryl- oder Plakafarbe anmalen. Reibst du es mit Schuhcreme ein, sieht es aus wie altes Leder.

6 Zum Schluss malst du Scharniere, Ecken und Schloss mit Goldfarbe an. Die Kanten ziehst du mit einem schwarzen Marker nach.

Male das Schlüsselloch schwarz aus, damit es echt aussieht.

Auch an den Nägeln erkennt man, dass das Buch sehr alt ist.

Uralte Chronik
In diesem persönlichen Tagebuch sind deine Geheimnisse gut aufgehoben. Das Schloss zeigt jedem, wie privat es ist.

Mit dem Papierbrei kannst du Einzelheiten auf dem Umschlag hervorheben.

Bunte Palette
Probiere auf anderen Kladden noch mehr Motive aus, zum Beispiel so eine kunterbunte Malerpalette.

23

ART ATTACK

KREIDEKÖPFE

Mit Geodreieck, Lineal und Winkelmesser kannst du tolle Gesichter zeichnen. Je mehr Formen du benutzt, um so witziger werden sie.

Gesichter mit Kreide

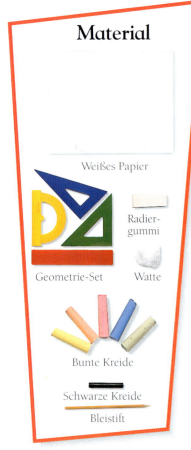

Material
- Weißes Papier
- Geometrie-Set
- Radiergummi
- Watte
- Bunte Kreide
- Schwarze Kreide
- Bleistift

1 Zeichne die Formen nach, um ein Gesicht zu entwerfen. Drehe sie in verschiedene Richtungen, um unterschiedliche Formen zu erhalten.

Fahre für kleine Kreise die Innenseite des Winkelmessers nach, für große die Außenseite.

2 Wenn dir dein Gesicht gefällt, ziehe die Linien mit farbiger Kreide oder Pastellkreiden nach. Puste lose Kreidekrümel weg.

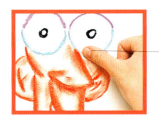

Verwische die Kreide mit dem Daumen oder Finger in die Flächen hinein.

Für den Hintergrund kannst du statt der Watte auch deine Finger benutzen.

Nimm so viele Farben wie du magst.

3 Verwische die Kreidestriche mit den Fingern nach innen. Ziehe die Linien noch einmal mit einer Kreide in einem dunkleren Ton nach und verwische auch diese Striche.

4 Ziehe alle Linien mit schwarzer Kreide nach und verwische auch sie leicht. Dann tupfe mit der Watte etwas Kreidestaub auf und färbe damit den Hintergrund ein.

24

KREIDEKÖPFE

Witzige Gesichter
Mit den Zeichenhilfen kannst du viele verschiedene Motive malen. Aber halte dich immer an die Grundformen – nicht mogeln! Vergiss nicht, vor dem Aufhängen den Kreidestaub vom Bild zu pusten.

Übertreibe mit den Zeichenhilfen einige Gesichtszüge, wie Augen oder Kinn.

Die großen Ohren des Kaninchens wurden mit dem Dreieck gezeichnet.

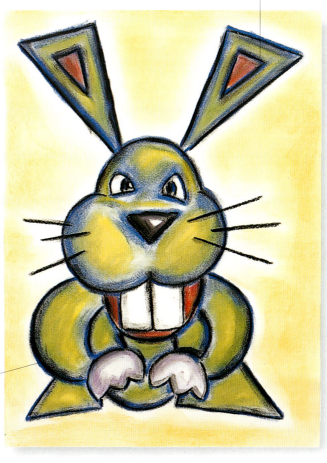

Zeichne für die Beine des Kaninchens um die Innen- und Außenkontur des Winkelmessers.

Durch gerade Linien und spitze Winkel bekommt das Monster ein gefährliches Aussehen.

Die Zähne werden mithilfe der Spitzen eines Dreiecks gezeichnet.

Komisches Kaninchen
Noch witziger sieht deine Zeichnung aus, wenn du ganz verrückte Farben benutzt. Hast du schon einmal ein blau-grünes Kaninchen mit lila Pfoten gesehen?

Zackiges Monster
Zeichne mit dem Geometrie-Set doch auch ein gruseliges Monster. Es darf natürlich auch ein freundliches Ungeheuer sein.

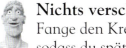 ### Nichts verschwenden
Fange den Kreidestaub auf, sodass du später damit den Hintergrund einfärben kannst.

25

ART ATTACK

TOP T-SHIRTS

Hast du noch ein paar alte, weiße T-Shirts im Schrank? Dann peppe sie doch mit selbst gemalten Motiven knallig auf.

Weiß wird bunt

Material

Weißes T-Shirt und Pappe

Bleistift

Schwarzer Marker

Marker in Gold und Silber

1 Schiebe ein Stück Pappe in ein einfaches, weißes T-Shirt. Dadurch wird der Stoff gestrafft und lässt sich leichter bemalen.

2 Zeichne dein Motiv mit Bleistift vor, damit du es noch ändern kannst, wenn dir etwas nicht gefällt.

Du kannst jedes Motiv malen, das dir gefällt.

Pass auf, dass du die schwarzen Linien nicht übermalst.

3 Wenn dir der Entwurf gefällt, ziehe die Linien mit einem schwarzen Marker nach. Die Pappe verhindert, dass die Farbe auf die Rückseite des T-Shirts durchdrückt.

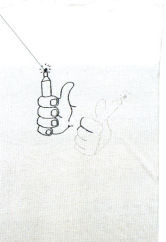

4 Jetzt kann das T-Shirt bunt angemalt werden. Du kannst Stofffarben benutzen, aber auch Acrylfarben und sogar Nagellack. Für dieses Motiv haben wir Marker in Gold und Silber verwendet.

Tolle Marker
Dieses T-Shirt zeigt die Marker, mit denen es so schön bemalt wurde.

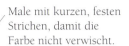

Male mit kurzen, festen Strichen, damit die Farbe nicht verwischt.

Stofffarben gibt es in knalligen Tönen. Sie sind ganz einfach zu verarbeiten.

Fleißige Biene
Bunte Stofffarben bleichen nicht schnell aus. Einzelheiten könntest du sogar mit Nagellack malen, weil er wasserfest ist.

Male große Motive, die man gut erkennen kann, wenn du das T-Shirt anhast.

Ein T-Shirt mit einem selbst gemalten Motiv ist auch ein tolles Geburtstagsgeschenk.

Wenn die Farbe getrocknet ist, kannst du noch einen Alien auf den Rücken malen.

Modell Weltraum
Dieses Motiv ist genau richtig für einen Weltall-Fan. Wenn du mit Acrylfarben malst, muss das T-Shirt zum Schluss von der Innenseite gebügelt werden, um die Farben zu fixieren.

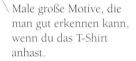 **Wäsche-Tipp**
Bemalte T-Shirts müssen vorsichtig gewaschen werden, damit die Farben nicht verblassen. Plakafarben und Filzstifte bleichen besonders leicht aus.

NAH UND FERN

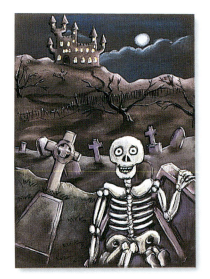

Hast du schon bemerkt, dass Dinge in der Ferne immer blasser aussehen? Daran solltest du denken, wenn du Bilder malst.

Berglandschaft aus Pappe

Material

Schwarze Pappe, Transparentpapier und Pappe für die Rückwand

Schere

1 Schneide aus einem Stück schwarzer Pappe eine gezackte Berglandschaft aus. Die Gipfel sollten weit oben am Seitenrand liegen. So sehen sie auf dem fertigen Bild höher aus. Lege die Pappe auf einen hellen Hintergrund.

2 Schneide ein Stück Transparentpapier in der gleichen Größe wie die Pappe zu. Lege es auf deine Berglandschaft, sodass sie vollständig abgedeckt ist. Jetzt sehen die Berge viel blasser aus.

Lagen-Tipp
Schneide die Kontur der untersten Schicht weit oben zu, alle weiteren Schichten werden immer etwas kürzer. So können sie einander nicht verdecken und die unteren Lagen wirken weit weg.

3 Schneide aus Pappe einige Berge mit Bäumen aus und lege sie auf das Transparentpapier. Jetzt sieht es aus, als wenn die Berge hinter den Bäumen liegen. Durch die Schichten wirkt das Bild räumlich.

4 Lege einen Bogen Transparentpapier auf die Bäume. Jetzt schneide ein Haus auf einem Hügel aus. Wenn du dieses Teil auf das Bild legst, hat es drei Ebenen und die Berge scheinen in noch weitere Ferne zu rücken.

NAH UND FERN

Ferne Landschaft
Lege wieder einen Bogen Transparentpapier auf das Bild. Zeichne eine Mauer mit einer Pforte auf schwarze Pappe, schneide sie aus und lege sie als oberste Schicht auf. Nun kannst du über die Pforte auf die Berge in der Ferne schauen. So entsteht ein Bild mit Perspektive.

Wenn du noch mehr Lagen hinzufügst, wird das Bild noch interessanter.

Lass jede Schicht gut trocknen, ehe du die nächste malst.

Weite Wildnis
Man kann solche Schichtbilder auch sehr gut mit Wasserfarben malen. Für die erste, ferne Schicht musst du die Farbe mit viel Wasser verdünnen. Wenn die Schicht trocken ist, malst du die nächste mit weniger Wasser. Wieder trocknen lassen und den Vordergrund mit noch kräftigerer Farbe malen. Wenn alles trocken ist, tritt einen Schritt zurück und schau in die Ferne.

Je weiter die Berge entfernt sind, um so blasser sehen sie aus.

Zeichne den vorderen Ballon niedriger als den hinteren.

Der Boden ganz vorn wird am dunkelsten gemalt.

Wüsten-Straße
Je weiter Dinge entfernt sind, um so kleiner sehen sie aus. So kannst du eine Straße malen: Vorne ist sie ganz breit, nach hinten wird sie immer schmaler. Auch die Telegrafenmasten und Zaunpfähle werden in der Ferne kleiner und rücken näher zusammen. Male zwei Ballons in verschiedenen Größen. Der größere scheint näher zu sein. Wenn du fertig bist, sieh dir an, wie die Straße in der Ferne verschwindet.

ART ATTACK

POP-UP-KARTEN

Über diese tollen Karten werden sich alle deine Freunde freuen, weil sie viel witziger als normale Karten sind – und ganz einfach zu basteln.

Pop-up-Karten aus Papier

Material

Zeichenpapier

Farbe

Lineal

Schere

Pinsel

Bleistift

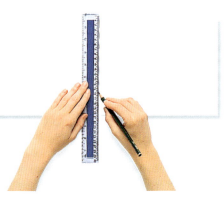

1 Falte einen Bogen Zeichenpapier in der Mitte. Die Kanten müssen genau aufeinander liegen. Dann falte es noch einmal in der anderen Richtung. Jetzt sieht es so aus wie eine Klappkarte.

2 Zieh mit einem Bleistift eine Linie auf dem Knick in der Innenseite. An der Linie kannst du später erkennen, welches die Innenseite ist. Du musst sie aber ausradieren, bevor du die Karte anmalst.

Miss mit dem Lineal die Stelle für den Einschnitt ab.

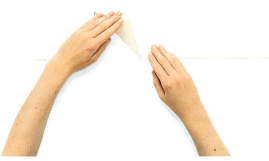

3 Achte darauf, dass die Linie auf der Innenseite des Knicks liegt. Jetzt miss ein Viertel der Papierbreite ab und zeichne es an. Schneide das Papier an dieser Stelle bis zur Hälfte nach oben ein.

4 Knicke das Papier am Schnitt zu beiden Seiten dreieckig um. Die gefalteten Linien scharf kniffen. Klappe die Ecken wieder zurück, drehe das Papier um und falte sie auf der Rückseite noch einmal.

POP-UP-KARTEN

Wenn du die Karte zuklappst, musst du fest aufdrücken, damit der Einschnitt offen bleibt.

Zeichne zuerst das Maul und male dann den Körper rundherum.

5 Falte den Bogen jetzt auseinander. Knicke das Papier auf der Bleistiftlinie. Pass auf, dass sie auf der Innenseite der Karte liegt. Lege die Daumen in den Einschnitt und ziehe die Ecken auseinander. Klappe die Karte mit geöffnetem Einschnitt zu.

6 Öffne die Karte und drehe sie so, dass der Einschnitt waagerecht liegt. Er soll sich wie ein Maul schließen. Dann male ein Motiv auf die Karte, zum Beispiel einen Frosch.

Breitmaulfrosch
Überlege dir einen Hintergrund für dein Bild und male ihn in bunten Farben an. Denk daran, auch die Innenseite des Mauls anzumalen. Du kannst die Karte zum Geburtstag verschicken, aber natürlich auch „nur so".

Freundlicher Fisch
Auf solche Karten kannst du lustige Motive malen, zum Beispiel einen Fisch.

Gruselkarte
Für eine gruselige Gespensterkarte bemale sie mit dunklen Farben, damit sie schön unheimlich aussieht.

Du kannst den Mund größer oder kleiner machen, indem du die Länge des Einschnitts veränderst.

ART ATTACK

STIFTHALTER

Bastele mit Modelliermasse, Farbe und Fantasie lustige Stifthalter. Sie sehen toll aus und sind außerdem richtig praktisch.

Stifthalter aus Modelliermasse

Material

Bastelleim   Farbe

Modelliermasse

Dünner Pinsel

Bleistift

Marker

🧑 **Material-Tipp**
Am besten ist Modelliermasse, die über Nacht aushärtet. Man bekommt sie in vielen Spielzeug- und Bastelgeschäften.

Rolle für die Nase eine kleine Kugel Modelliermasse zwischen den Fingern.

1 Rolle etwas Modelliermasse in der Hand zu einer Kugel. Drücke mit einem Bleistift oder Kugelschreiber ein flaches Loch hinein.

2 Drücke die Nase fest in das Loch, damit sie auch gut hält. Stich über der Nase mit einem Bleistift zwei Löcher für die Augen ein.

Weil die Modelliermasse über Nacht hart wird, müssen alle Löcher vorher eingestochen werden.

Gib auch etwas Farbe in die Löcher, damit man später keine Modelliermasse sieht.

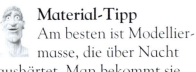

Für den Mund drückst du mit dem Bleistift unter der Nase eine Linie ein.

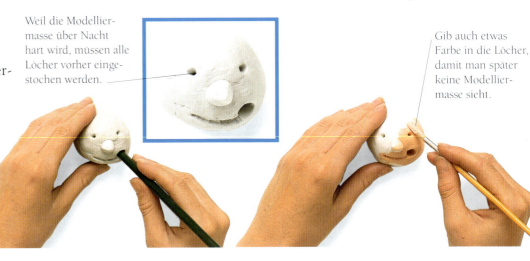

3 Drücke den Bleistift mindestens 3 cm tief in die Kugel. So entsteht das Loch für den Stift. Drehe den Bleistift leicht, um das Loch etwas zu vergrößern.

4 Lass die Modelliermasse über Nacht trocknen. Wenn sie hart ist, bemale den Kopf von allen Seiten mit Plakafarbe und lass ihn trocknen.

STIFTHALTER

Bleistift-Paul
Wenn die Farbe trocken ist, bestreiche deinen Stifte-Halter mit Bastelleim. Zuerst sieht der Leim weißlich aus, aber wenn er trocknet, wird er glatt, glänzend und steinhart. Dann kannst du deinen Lieblingsstift an seinen neuen Platz stecken.

Drücke die Augenhöhlen tief ein, damit der Totenkopf echt aussieht.

Augen, Nasenlöcher und Mund werden mit einem schwarzen Marker nachgemalt.

Pass auf, dass die Stifte in der Mitte nicht zusammenstoßen!

Rosa Schweinchen
Das Tolle an den Stiftehaltern ist, dass man sie in jeder Form basteln kann. Forme doch mal ein Schwein oder probier eigene Ideen aus.

Für die Ohren formst du zwischen den Fingern kleine Dreiecke und biegst sie leicht nach vorn.

Totenkopf mit gekreuzten Stiften
Für diesen Stifthalter formst du einen Sockel und einen gespenstischen Totenkopf. Die Stifte sehen aus wie gekreuzte Knochen.

Für den Ringelschwanz rollst du eine kleine Wurst und biegst sie in Form.

Drücke die Löcher tief genug ein, damit die Stifte nicht herausfallen.

Igor Igel
Dieser Igel hält eine Menge Stifte bereit. Je mehr Löcher du machst, um so mehr Stacheln bekommt er. Es sieht toll aus, wenn man viele kunterbunte Stifte hineinsteckt.

Geschenk-Tipp
Ein Block Modelliermasse reicht für mehrere Stifthalter. Warum verschenkst du nicht einige davon? Freunde und Verwandte werden sich bestimmt darüber freuen.

33

ART ATTACK

MAGISCHE MASKEN

Parties sind toll, Kostümparties sind noch besser. Mit diesen fantasievollen Masken übersieht dich bestimmt niemand.

Masken aus Ballons

Material

- Kleiner Pappkarton
- Luftballonpumpe
- Buntes Seidenpapier
- Luftballon
- Leimmischung
- Knetmasse
- Stecknadel
- Klebeband
- Schere
- Pinsel

Papier-Tipp
Schneide die Seidenpapierstreifen so lang zu, dass sie einen Kranz um die Maske herum bilden.

1 Drücke einen aufgepusteten Luftballon in einen Schuhkarton, damit er hält. Der Ballon ist die Grundform der Maske.

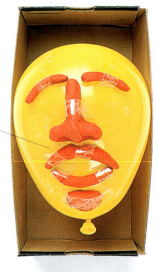

Puste den Ballon so weit auf, dass er ungefähr so groß ist wie dein Kopf.

2 Forme aus Knetmasse Augenbrauen, Nase, Mund und Kinn. Befestige die Teile mit Klebeband auf dem Ballon.

3 Schneide Streifen aus Seidenpapier in verschiedenen Farben aus und klebe sie mit der Leimmischung auf das Gesicht.

4 Klebe ganz viele Schichten Seidenpapier wie Strahlen auf. Über Nacht wird das Papier hart und glänzend.

MAGISCHE MASKEN

Märchengesichter
Nimm den Ballon und die Knetmasse aus dem hart gewordenen Papier heraus. Fertig ist die kunterbunte Maske. Du kannst sie an die Wand hängen.

Augenbrauen, Nase und Mund treten hervor.

Zerstich den Ballon mit der Stecknadel. Aber nicht erschrecken: Es könnte knallen!

Glitzermaske
Du kannst deine Maske noch verzieren. Sie glitzert und funkelt, wenn du z.B. Flitter und Pailletten aufklebst.

Klebe das Seidenpapier so auf, dass farbige Streifen entstehen.

Nimm für Mund und Augen Flitter in unterschiedlichen Farben.

Bevor du Mund und Augen ausschneidest, stich Löcher mit einem Bleistift in die Maske.

Streifenmaske
Wenn du für Mund und Augen Löcher schneidest, kannst du die Maske aufsetzen. Damit erkennt dich beim Kostümfest keiner.

ART ATTACK

KNICK-TRICK

Wer braucht einen teuren Blumenstrauß, wenn man so tolle 3-D-Bilder selbst basteln kann?

Material

Bunte Pappe

Klebestift Klebeband

Schere

Marker

Blumen aus Papier

Halte die Schere beim Nachziehen der Mittellinien ganz ruhig.

Schneide auch sechs Blütenblätter in einer leuchtenden Farbe zu.

1 Nimm grüne Pappe und zeichne mit einem Stift flache, S-förmige Linien darauf. Zeichne um jede der Linien eine Blattform.

2 Umwickle die Spitze deiner Schere mit Klebeband. Dann ziehe damit vorsichtig die Mittellinien der Blätter nach. Aber nicht einritzen!

Das Papier lässt sich an der nachgezogenen Linie leicht knicken. So werden die Blätter plastisch.

Schneide den Kreis vom Rand zur Mitte ein. Bestreiche eine Schnittkante mit Klebstoff, dann schiebe sie unter die andere, so dass ein Hütchen entsteht.

3 Schneide die Blätter aus und falte sie an der Mittellinie. Zeichne auch einen Stängel und ziehe seine Mittellinie nach. Schneide ihn aus und knicke ihn wie die Blätter.

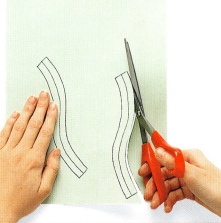

4 Für die Mitte der Blüte schneidest du einen Kreis aus andersfarbigem Papier. Lege den Stiel auf den Hintergrund und setze das spitz gedrehte Mittelteil an das obere Ende.

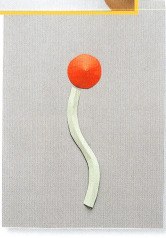

KNICK-TRICK

Nimm für den Hintergrund eine Kontrastfarbe.

Durch den Knick sehen die Blütenblätter plastisch aus.

Gefaltete Papierblume
Denk dir Fantasieblumen aus vielen verschiedenen Farben und Blütenformen aus. Schön ist auch ein bunter Strauß aus lauter unterschiedlichen Blumen.

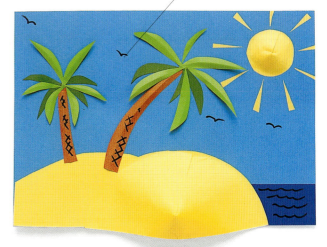

Vögel und andere Einzelheiten malst du mit einem Marker auf.

Südseeinsel
Aus geknicktem Papier kann man auch andere Motive basteln, zum Beispiel eine einsame Insel. Die wichtigen Teile wie Sonne und Dünen sollten dreidimensional sein, damit sie sich richtig abheben.

Die Blütenblätter kannst du in jeder beliebigen Form zuschneiden.

5 Die Blütenblätter werden genau wie die Blätter gebastelt. Nimm aber eine andere Farbe. Wenn die Mittellinien scharf gefaltet sind, lege alle Teile auf dem Hintergrund zurecht, ehe du sie festklebst.

Pass auf, dass die Teile beim Aufkleben nicht verknicken.

6 Wenn dir dein Bild gefällt, klebe die Teile nacheinander vorsichtig auf. Bestreiche nur die Ränder der Teile mit Klebstoff und drücke sie nicht flach, sonst geht der 3-D-Effekt verloren.

ART ATTACK

GLITZERBILDER

Diese tollen Bilder werden nicht mit Farbe gemalt, sondern mit Klebstoff. Damit sie funkeln, wird bunter Flitter daraufgestreut.

Mit Leim und Flitter

Material

- Farbige Pappe
- Flitter
- Bastelleim
- Radiergummi
- Wattestäbchen
- Bleistift

Rosa Flitter bekommst du, wenn du Rot, Gold und Silber mischst.

1 Zeichne mit Bleistift ein Bild auf ein Stück Pappe oder Papier. Streiche Leim auf die Stellen, die mit Flitter bestreut werden sollen. Halte dich genau an die Bleistiftlinien.

Halte ein Stück Pappe zum Bestreichen größerer Flächen bereit.

2 Verstreiche den Leim auf größeren Flächen mit einem Stückchen Pappe. Für kleine Flächen nimmst du ein Wattestäbchen.

3 Überlege dir, welche Farben die Flächen bekommen sollen. Streue den Flitter zügig auf solange der Leim noch feucht ist. Du musst nicht super-ordentlich arbeiten. Hauptsache, alle Leimflächen sind bedeckt.

Soll das Rosa dunkler werden, gib etwas Blau dazu.

4 Lass das Bild trocknen. Und jetzt wird es lustig. Leg den Tisch mit reichlich Zeitung aus und schüttele das Bild darüber aus. Wo es mit Leim bestrichen war, bleibt der Flitter hängen, der lose Flitter fällt ab.

GLITZERBILDER

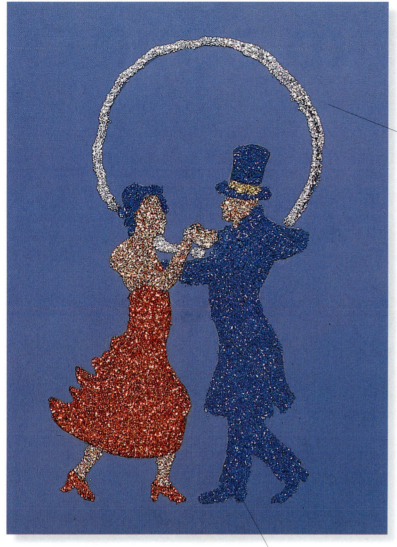

Nächtlicher Tanz
Vor einem dunklen Hintergrund sehen die beiden Tänzer in ihren festlich glitzernden Kleidern besonders schön aus.

Wenn es in deinem Zimmer dunkel wird, kannst du das Bild glitzern sehen.

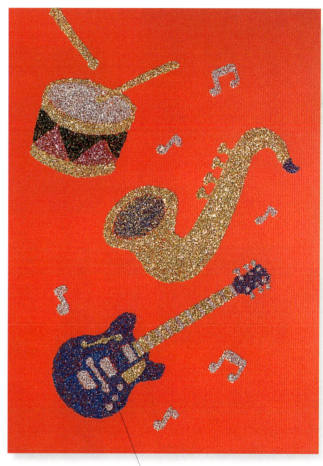

Am schönsten sehen Kontrastfarben wie dieses dunkle Blau und das leuchtende Rot aus.

Bestreue die Details der Gitarre mit silbernem oder goldenem Flitter.

Da ist Musik drin
Wie findest du so ein cooles Musik-Bild? Zeichne deine Lieblingsinstrumente und lass ringsherum ein paar Noten funkeln!

Exotischer Papagei
Lass verschiedene Glitzerbilder an deiner Wand leuchten. Toll sieht auch dieser exotische Papagei aus, der zwischen den dichten Blättern des Regenwaldes sitzt.

Noch mehr Ideen
Probiere statt Flitter einmal Sand oder Konfetti aus dem Locher aus. Daraus kann man auch witzige Bilder machen.

HELL UND DUNKEL

Hast du schon mal ein dunkles Zimmer gezeichnet? Das ist ganz einfach. Du musst nur etwas Licht hereinlassen und sehen, was passiert.

Aus dunkel wird hell

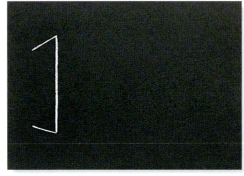
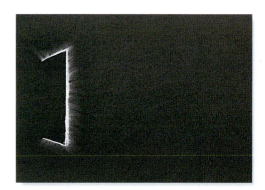

1 Nimm schwarzes Papier und weiße Kreide und lass zuerst etwas Licht ins Zimmer, indem du eine Tür öffnest. Zeichne drei Seiten der offenen Tür auf die linke Seite des Papiers.

2 Jetzt dringt etwas Licht in den Raum. Verwische die Kreide mit dem Finger von der Tür weg. Wische in kurzen, geraden Linien, die wie Lichtstrahlen aussehen.

Material

Schwarzes Papier

Weiße Kreide

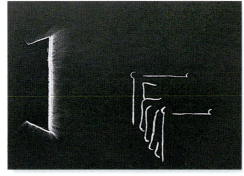
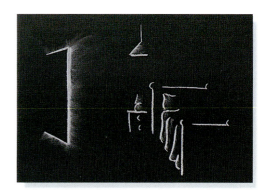

Schatten-Tipp
Überlege dir beim Malen und zeichnen immer, von wo das Licht kommt. Zum Üben kannst du einen Gegenstand mit einer Lampe anstrahlen und beobachten, wie der Schatten fällt.

3 Weil etwas Licht ins Zimmer fällt, kann man auch die Möbel darin erkennen. Man sieht aber nur die Seite der Gegenstände, die dem Licht zugewandt ist.

4 Wenn du die Falten der Decke und Kissen gezeichnet hast, verwische die Kreidelinien mit dem Finger. Aber denk daran: Immer von der Lichtquelle weg wischen!

HELL UND DUNKEL

Lichtschimmer

Zeichne noch ein paar Möbel in das Zimmer. Das Spiel mit Licht und Schatten kann viel Spaß machen. Versuch doch, dein eigenes Zimmer zu zeichnen. Dann kannst du die Tür ein kleines Stück öffnen und beobachten, wie das Licht einfällt.

Vergiss nicht: Im Dunkeln sieht man nur die Seite, die dem Licht zugewandt ist.

Straße bei Nacht

Du kannst den Unterschied zwischen Hell und Dunkel auch durch Schatten zeigen. Ein Schatten fällt immer an die Stellen, die das Licht nicht erreichen kann. Zeichne auf dunklem Papier mit schwarzer Kreide eine Straße mit einer Laterne. Folge dem Licht der Laterne und male Schatten auf die Flächen, auf die kein Licht fällt. Hier ist es die linke Seite des Mannes und ein Stück der Mauer.

Verwische für den Lichtschein etwas weiße Kreide rings um die Lampe.

Denk daran: Je weiter entfernt die Bäume stehen, um so kleiner musst du sie zeichnen.

Bäume im Mondschein

Zeichne mit weißer Kreide einen Mond und die Ränder einiger Wolken. Dann zeichne mit schwarzer Kreide die Umrisse der Baumstämme. Die vom Licht abgewandte Seite der Bäume malst du dunkel. Wo Mondlicht auf die Stämme fällt, malst du sie weiß. Zeichne auch die Schatten ein. Der Wald sieht im Mondlicht gespenstisch aus.

ART ATTACK

KNITTERKUNST

Diese Bilder springen gleich ins Auge – weil sie durch das geknitterte Papier plastisch wirken.

Material

Geschenkpapier, Pappe und farbiges Papier

Zeitung

Aluminiumfolie

Klebestift   Leimmischung

Schere

Pinsel

Marker

Kunst aus Papier

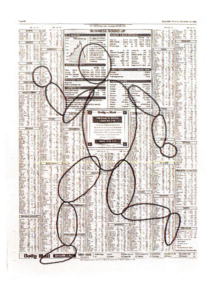

1 Zeichne eine Person auf einen Bogen Zeitungspapier. Die Proportionen gelingen leichter, wenn du den Körper zuerst aus lauter Würsten zeichnest.

2 Wenn dir der Körper gefällt, zeichne die Kleidung, zum Beispiel eine Baseball-Mütze, ein T-Shirt, eine kurze Hose, Socken und Turnschuhe.

Nur Mut: Zerknülle das Papier, bis es ganz knitterig ist.

3 Schneide alle Teile einzeln aus. Dann nimm sie als Schablonen und zeichne sie auf verschiedenen Papieren nach, z.B. Aluminiumfolie oder Geschenkpapier. Schneide die bunten Formen aus.

4 Bestreiche die Teile gut mit Leimmischung und lass sie trocknen. Dadurch werden sie hart und glänzend. Zerknülle sie in der Hand, so dass sie lauter Falten und Knicke bekommen.

42

KNITTERKUNST

5 Wenn du alle Teile geknittert hast, lege sie auf dem Hintergrund wieder zu einem Bild zusammen. Das ist ein bisschen wie ein Puzzle.

6 Gib ein paar Tupfen Leim auf die Ränder der Teile und klebe sie fest. Dabei darfst du sie aber nicht glatt streichen, sonst geht die plastische Wirkung verloren.

Discofieber
Du kannst auch den Hintergrund noch verzieren, zum Beispiel mit schwarzen und silbernen Noten. Ganz verrückt sieht ein Hintergrund aus Aluminiumfolie aus.

Die Noten lassen den Tänzer noch lebendiger aussehen.

Vor einem leuchtenden Hintergrund fällt das Motiv besonders gut auf.

Fußballstar
Die Technik eignet sich für viele Motive: Sportler, Popstars oder dein Lieblingsspielzeug.

Durch die Falten sieht es aus, als ob der Fußballer wirklich hinter dem Ball herläuft.

Superman auf dem Weg zu einem neuen Abenteuer – sein Umhang flattert im Wind.

Superheld
Das geknitterte Papier springt dir buchstäblich vom Hintergrund entgegen. Superman in 3-D!

ART ATTACK

FOLIENBILDER

Diese durchsichtigen Bilder sind verblüffend: In mehreren Schichten werden sie dreidimensional.

3-D-Bild aus Folie

Material: Pappkarton, DIN-A-4-Papier, Weißes Papier, Lineal, Klarsichtfolie, Klebestift, Klebepunkte, Farbe, Schere, Pinsel, Bleistift, Silberner Marker, Marker

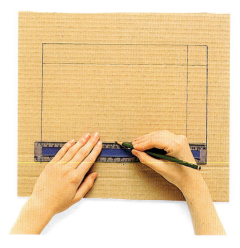

1 Lege für das erste durchsichtige Bild einen DIN-A-4-Bogen auf ein großes Stück feste Pappe und zeichne sorgfältig mit dem Lineal ringsherum.

2 Lege das Lineal innen an eine Linie des Rechtecks und ziehe einen neuen Strich. An den anderen Seiten machst du es genauso. So zeichnest du den ersten Rahmen.

Beschweren
Wenn du die Rahmen zusammenklebst, solltest du sie mit dicken Büchern beschweren. Durch den Druck hält der Leim besser.

5 Bestreiche den anderen Rahmen mit Leim und drücke ihn auf die Folie. Jetzt liegt die Folie zwischen den beiden Rahmen. Wenn der Leim trocken ist, schneide die überstehende Folie ab.

6 Während der Leim trocknet, zeichne dein Motiv auf Papier vor. So kannst du Fehler noch berichtigen. Am besten sieht es aus, wenn du ganz einfache Motive malst.

44

FOLIENBILDER

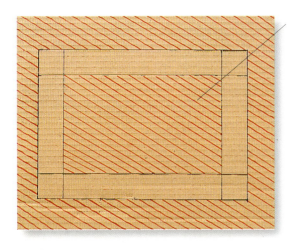

Stich in den rot gestrichelten Teil ein Loch mit dem Bleistift. Dann stich die Schere in das Loch und schneide den inneren Bereich aus.

Streiche die Folienränder mit den Fingerspitzen glatt.

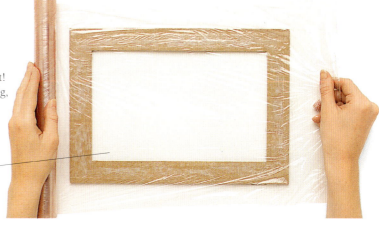

Lass dir Zeit! Es ist wichtig, dass die Folie ganz glatt im Rahmen liegt.

3 Der Rahmen hat die Größe DIN-A-4 und die Breite deines Lineals. Schneide ihn aus und wiederhole die Schritte 1 bis 2, so dass du zwei gleich große Rahmen hast.

4 Bestreiche einen Rahmen mit Leimmischung. Klebe Klarsichtfolie an eine Kante, dann rolle sie über den ganzen Rahmen. Drücke sie am Rahmen an und streiche sie glatt, damit alle Falten verschwinden. Die Folie muss glatt gespannt sein.

Mit schwarzer Maserung sieht der Rahmen wie Holz aus. Zeichne für die Schrauben silberne Punkte.

7 Lege deine Zeichnung unter die Folie und pause sie mit dem Marker durch. Zeichne erst mal nur die Umrisse. Einzelheiten kannst du später noch beim Anmalen hinzufügen.

8 Jetzt kann das Bild bunt angemalt werden. Nimm Acrylfarbe oder mische Plakafarbe mit Geschirrspülmittel, damit sie auf der Folie haftet. Nun kannst du auch Einzelheiten einzeichnen.

ART ATTACK

3-D-EFFEKT

Male drei solcher durchsichtigen Bilder und lege sie aufeinander. Dann kannst du den 3-D-Effekt bewundern.

Für den Hintergrund brauchst du ein Bild, das vollständig ausgemalt ist.

Aus schwarzen Häusern mit leuchtend gelben Fenstern vor einem dunklen Hintergrund mit hellem Mond entsteht ein tolles Nachtbild.

Die Folie ist sehr dünn. Pass auf, dass du sie beim Bemalen nicht durchstichst.

Zeichne die Umrisse deiner Motive mit schwarzem Marker, damit man sie deutlich sehen kann.

Das mittlere Bild wird nur zur Hälfte ausgemalt, damit man den Hintergrund noch erkennen kann.

Nachtschicht

Nachdem alle drei Bilder fertig sind, lege sie aufeinander. Dann gehe einen Schritt zurück und bewundere den 3-D-Effekt. Wenn du sie mit Klebepunkten zusammensetzt, kannst du einzelne Bilder auch einmal austauschen. Das Ergebnis sieht immer anders aus.

Das kräftige Gelb bringt die Straßenlaterne zum Leuchten.

Auf die oberste Schicht für den Vordergrund darfst du nur wenige Motive malen.

3-D-EFFEKT

Du kannst alles malen, was dir gefällt. Wie wäre es mit der Umgebung eures Hauses?

Vor dem nächtlichen Hintergrund fallen die kräftigen Farben des vorderen Bildes besonders gut auf.

Schäfchen zählen
Je mehr Kartons du hast, um so mehr Bilder kannst du malen. Versuche doch einmal, vier oder fünf Bilder übereinander zu legen.

Folien-Tipp
Du kannst dein Bild auch mit einem Kugelschreiber auf die Klarsichtfolie zeichnen. Aber Vorsicht: Nicht durchstechen!

47

ART ATTACK

KLAPPBILDER

Achtung, Schummelpackung. Es sieht aus wie ein ganz normales Bild, oder? Klapp es auf – Überraschung!

Grußkarten aus Papier

Material

Weißes Papier oder Pappe
Farbe
Radiergummi
Lineal
Pinsel
Bleistift
Marker

1 Nimm ein Stück Papier oder dünne Pappe und teile es in drei Teile ein. Zieh auf der rechten Seite eine Linie und falte das Papier auf dieser Linie.

2 Zeichne bei geschlossener Klappe ein Bild auf das Papier. Male eine Hälfte des Gesichts auf das Papier, die andere auf die Klappe.

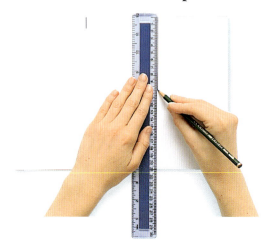

Zeichne zuerst die Teile, die sich nicht verändern. So kannst du dich nachher besser auf die Überraschung konzentrieren.

Ganz einfach
Am besten sieht es aus, wenn du ein ganz einfaches Bild in der Art eines Cartoons malst.

3 Öffne die Klappe und male das Bild auch innen fertig. Hier soll aber etwas ganz anderes passieren.

4 Wenn dir dein Überraschungsbild auf der Innenseite gefällt, male die Karte innen und außen mit bunten Farben an.

KLAPPBILDER

Oh Schreck!
Wer die Karte aufklappt, erlebt eine Überraschung. Plötzlich hat der friedliche Angler einen riesigen Hai an der Leine!

Wenn du das halbe Gesicht auf das Papier und die andere Hälfte auf die Klappe malst, kannst du sogar den Gesichtsausdruck verändern.

Pass auf!
Ein sonniger Tag auf dem Lande, genau richtig, um Blumen zu pflücken. Doch Vorsicht: Der Bulle wird wild!

Solche Karten kannst du gut zu besonderen Anlässen verschicken.

49

ART ATTACK

EINGERAHMT

Viele Dinge sehen mit einem bunten Rahmen noch mal so schön aus. Zum Selbermachen brauchst du nur bunte Bilder aus alten Zeitschriften oder Comics.

Zeitschrift wird Rahmen

Material

Farbige Pappe und Spiegelfliese★

Comic oder Zeitschrift

Bastelleim

Klebestift

Haftpunkte

Schere

Pinsel

Marker

Rahmen-Tipp
Wenn du die ausgeschnittenen Bilder aufklebst, decke die ganze Bleistiftlinie ab, damit nachher der Rand des Spiegels nicht zu sehen ist.

1 Zeichne den Umriss der Spiegelfliese auf ein Stück Pappe. Schneide für den Rahmen Bilder aus einer alten Zeitschrift oder einem Comic aus.

2 Nimm die Spiegelfliese weg und klebe die Bilder mit einem Klebestift über die Linie. Bestreiche sie mit Leim, damit sie glänzen.

Schneide die rot gestrichelten Flächen weg.

Drücke den Rahmen fest auf den Spiegel, damit er gut hält.

3 Wenn der Leim trocken ist, schneide den Rahmen aus. Du musst die Innenfläche und den Rand ausschneiden. Aber nicht die Bilder zerschneiden!

4 Setze Klebepunkte auf die Rückseite des Rahmens und klebe ihn auf den Spiegel. Pass auf, dass der Rand des Spiegels ganz verdeckt ist.

★ *Spiegelfliesen können scharfe Kanten haben. Pass auf, dass du dich nicht schneidest.*

EINGERAHMT

Spieglein an der Wand
So toll kann eine langweilige Spiegelfliese aussehen, einfach durch einen Rahmen aus vielen bunten Bildern. Und in deinem Kunstwerk kannst du dich gleich selbst bewundern.

Finde ein Thema für den Rahmen. Wie wäre es mit Comicfiguren, Tieren oder vielleicht Gemüse?

Fliesen-Tipp
Spiegelfliesen gibt es in Baumärkten zu kaufen. Du kannst aber auch Pappe mit Spiegelfolie verwenden.

Bastel doch ein Schild für deine Zimmertür. In die Mitte kannst du deinen Namen schreiben.

Am besten sieht es aus, wenn du die Bilder etwas überlappen lässt.

Tolle Kassetten-Boxen
Mit Zeitschriftenausschnitten kann man viel anfangen. Verziere doch mal Kassettenhüllen mit Bildern deiner Lieblingsstars.

Sammle Fotos von Popstars und mache daraus eine Collage.

Zimmerzoo
Blättere verschiedene Zeitschriften durch, darin entdeckst du immer neue Themen. Du kannst ein Schild für die Zimmertür oder schöne Grußkarten basteln. Probiere auch eigene Ideen aus – es gibt unendlich viele Möglichkeiten.

Wie wäre es mit Bildern von deinem Lieblingshobby?

ART ATTACK

TÜRKLOPFER

Hast du es satt, dass jeder in dein Zimmer kommt, ohne anzuklopfen? Dann brauchst du so einen grimmigen Türklopfer.

Türklopfer aus Pappe

Material

Pappe und Zeitung

Klebeband Kieselsteine Leimmischung

Bindfaden

Küchenrolle Farbe

Schere

Seidenpapier

Marker

An diesen Punkten wird später der Klopfer befestigt.

Den Kiesel auf der Unterlippe darfst du nicht abdecken.

1 Male ein Monstergesicht mit einem großen Maul auf Pappe und schneide es aus. Zeichne vier Punkte auf der Oberlippe an, zwei oben, zwei unten.

2 Um das Gesicht zu modellieren, tauche Küchenpapier in die Leimmischung, drücke es aus und setze es auf das Gesicht. Klebe einen Kiesel auf die Unterlippe.

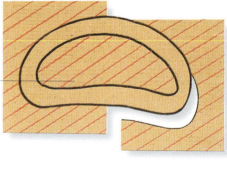

Schneide die rot gestrichelten Flächen aus.

3 Wenn das Küchenpapier getrocknet ist, male das Gesicht schwarz an. Wieder trocknen lassen. Tauche Seidenpapier in eine hellere Farbe und betupfe das Gesicht. Dann stich die vier Punkte an der Oberlippe durch.

4 Zeichne für den Klopfer noch einmal das Monstermaul auf ein Stück Pappe und schneide es aus. Es soll genau in das Gesicht passen.

TÜRKLOPFER

Gruseliges Ungeheuer
Damit man das Klopfen auch hört, müssen die beiden Kiesel genau übereinander liegen. Hänge den grimmigen Klopfer so an deine Zimmertür, dass ihn niemand übersehen kann.

Lass Nase und Zähne richtig gefährlich aussehen.

Wenn du braune oder bronzene Farbe nimmst, sieht dein Türklopfer aus, als wäre er uralt.

Bemale die Schnüre mit der Farbe des Klopfers, damit man sie nicht sieht.

Monstergesichter
Schau dir einmal Wasserspeier an alten Kirchen genauer an. Sie sehen herrlich gruselig aus.

Je mehr Küchenpapier du auf das Gesicht klebst, um so plastischer wird es.

Totenkopf
Du kannst auch andere Formen ausprobieren. So ein Totenkopf verjagt unerwünschte Besucher ganz bestimmt.

Umwickle den Klopfer fest mit Klebeband.

Der Kiesel muss beim Klopfen genau auf den anderen treffen.

Verknote die beiden Schnüre auf der Rückseite ganz fest.

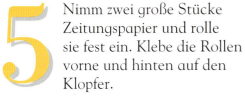

5 Nimm zwei große Stücke Zeitungspapier und rolle sie fest ein. Klebe die Rollen vorne und hinten auf den Klopfer.

6 Klebe auch hier einen Kiesel auf die Unterlippe. Dann umwickele den Klopfer mit leimgetränktem Küchenpapier, aber lass den Stein frei.

7 Ziehe Schnüre durch die Löcher in der Oberlippe und binde den Klopfer an. Stramm ziehen und hinten gut festknoten.

ART ATTACK

SPINNENTANZ

Wusstest du, dass Papier hüpfen kann? Diese witzigen Spinnenmobiles sind der Beweis. Sie tanzen, wenn du sie antippst.

Mobile aus Papier

Material

Farbige Pappe und Papier
Schnur
Klebeband
Farbe
Radiergummi
Schere
Bleistift
Pinsel
Marker

Lege die Papierstreifen im rechten Winkel aufeinander.

Falte immer den unteren Streifen über den oberen.

1 Schneide zwei lange Streifen aus Papier in verschiedenen Farben. Lege sie so übereinander, dass eine „L"-Form entsteht. Klebe die Enden zusammen.

2 Falte die beiden Streifen immer übereinander, bis das Ende erreicht ist. Schneide die Enden gerade ab und klebe sie zusammen. Falte vier solcher Türme.

Damit die Spinne ein witziges Gesicht bekommt, zeichne Augenbrauen und andere Einzelheiten.

3 Zeichne den haarigen Spinnenkörper und acht Füße auf ein Stück farbige Pappe. Vielleicht zeichnest du ihn lieber erst mit Bleistift vor, damit du Fehler ausradieren kannst. Dann schneide die Formen aus.

Male eine Seite an und lass sie trocknen. Dann bemale die Rückseite.

4 Male die Augen und andere Einzelheiten auf den Körper. Weil du das Mobile später aufhängst, musst du beide Seiten bemalen.

SPINNENTANZ

Witziges Mobile
Stich ein Loch in den Spinnenkörper und hänge ihn an der Decke auf. Wenn du ihn antippst, wackeln die Beine.

Streifenmonster
Du kannst auch eine Furcht erregende Monsterspinne mit drohenden Augen, gefährlichen Zähnen und einem gezackten Körper basteln.

Je länger die Beine sind, um so besser wackelt dein Mobile.

Eine lustige Spinnenfamilie ist auch eine prima Partydekoration.

Durch die schwarz-gelben Streifen sieht diese Spinne besonders gefährlich aus.

Grüner Grinser
Mit rosa Punkten und Schlafaugen sieht diese Spinne richtig nett aus.

Klebe die Füße zusammen, bevor du sie an die Beine klebst.

Überlege dir erst die Anordnung der Beine, ehe du sie festklebst.

5 Klebe an jedes der vier Beine zwei Füße. Wenn die Beine länger werden sollen, falte vier neue und klebe sie an die ersten.

6 Wenn du mit dem Körper deiner Spinne zufrieden bist, kannst du die Beine mit Klebeband ankleben. Drücke die Klebestreifen fest an.

55

ART ATTACK

FARBWELLEN

Dieses Wellenbild verwirrt die Augen. Am besten sieht es aus, wenn du es auf einen andersfarbigen Hintergrund klebst.

3-D-Muster aus Papier

Material
- Pappe als Hintergrund
- Weißes Papier
- Buntstifte
- Schere
- Klebestift
- Marker

Farb-Tipp
Beim Anmalen der Dreiecke kann schnell ein Fehler passieren. Setze zuerst in jedes Feld einen Farbpunkt und kontrolliere, ob wirklich alles stimmt.

1 Zeichne auf ein Stück weißes Papier ein Karomuster aus welligen Linien. Zeichne in jedes Kästchen ein welliges Kreuz.

Das oberste Dreieck bleibt weiß.

2 Male die unteren Dreiecke schwarz an und nimm für die Dreiecke rechts und links zwei ähnliche Farben.

Lass die Randfelder des Papiers weiß.

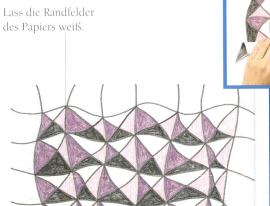

Rolle die Schmalseiten des Papiers einmal auf, damit es sich besser wellen lässt.

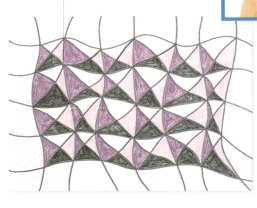

3 Damit das Bild gut wirkt, müssen alle gleich liegenden Felder mit der selben Farbe angemalt werden. Wenn du fertig bist, schneide das farbige Muster aus.

4 Klebe dein Muster auf einen andersfarbigen Hintergrund. Schiebe es dabei vom rechten und linken Rand aus nach innen, sodass es Wellen wirft.

56

FARBWELLEN

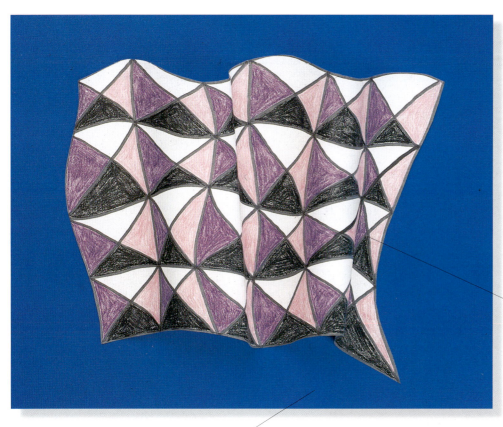

Bunte Wellen
Je welliger du das Papier aufklebst, um so interessanter sieht dein Muster aus. Damit die Wellen sich nicht verschieben können, klebe die Rückseiten auf dem Untergrund fest. Dann kannst du das Bild an die Wand hängen.

Du kannst die Dreiecke auch mit Pinsel und Farbe ausmalen.

Von so einem faszinierenden Wellenbild werden deine Freunde schwer beeindruckt sein.

Nimm eine leuchtende Hintergrundfarbe, damit dein Muster sich gut hervorhebt.

Große und kleine Wellen
Experimentiere mit verschieden großen Wellen im Papier. Probiere eine ganz große Welle aus, die nach oben hin kleiner wird.

Je mehr Karos du malst, um so welliger wird dein Bild aussehen.

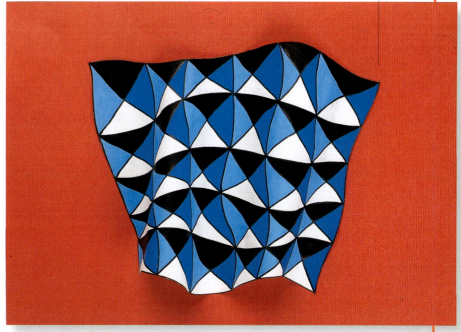

Wellenwechsel
Probiere verschiedene Karogrößen und Farben aus. Am besten sehen die Muster aus, wenn du Schwarz, Weiß und zwei Töne einer anderen Farbe benutzt. Viel Spaß beim Experimentieren!

57

ART ATTACK

VIDEO CITY

Liegen deine Videos auch durcheinander in einer Kiste, sodass du den richtigen Film lange suchen musst? Dann brauchst du diese Videostadt.

Stadt aus Kästen

Material

Pappe und Zeitung

Videokassetten-Kästen

Farbe

Breites Klebeband

Bastelleim

Schere

Dünner Pinsel

Marker in Gold und Silber

Marker

Video-Tipp
Lass beim Aufkleben der Zeitung die Lücken für den Daumen an den Videokästen frei, damit du die Kassetten später leicht herausnehmen kannst.

1 Baue aus einigen leeren Videokästen einen Wolkenkratzer. Wenn dir die Form gefällt, klebe die Seiten mit Leim zusammen.

2 Lege den Wolkenkratzer auf ein Stück dicke Pappe und male den Umriss nach. Schneide die Form aus. Das wird die vordere Klappe deines Modells.

Wenn der Leim trocknet, wird er hart und glänzend.

5 Bestreiche Seitenwände, Rückwand und Oberseite mit Leim und klebe Streifen von Zeitungspapier darauf. Die Klappe wird nicht beklebt.

Der untere Teil bildet das Gebäude im Vordergrund.

Schneide Pappstreifen aus und klebe sie als Türen und Vordächer auf die Klappe.

6 Zeichne mit schwarzem Marker Linien auf die vordere Klappe. Das werden die verschiedenen Gebäude von Video City.

VIDEO CITY

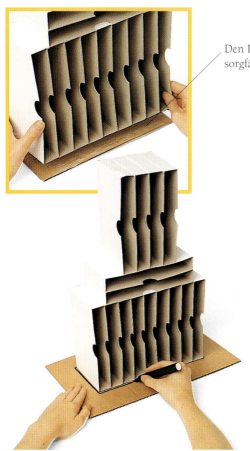

Den Boden fest und sorgfältig aufkleben.

Damit die Klappe hält, wird sie auch von innen mit Klebestreifen befestigt.

Du darfst nur eine Seite ankleben, sonst lässt sich die Klappe nicht öffnen.

Klebe-Tipp
Die vordere Klappe solltest du mit ganz breitem Klebeband befestigen. Nimm mehrere Lagen, damit sie wirklich gut hält.

3 Damit das Hochhaus stabil ist und fest steht, stelle es auf Pappe und zeichne den Umriss des Bodens nach. Schneide ihn aus und klebe ihn unter das Haus.

4 Wenn der Leim getrocknet ist, lege den Wolkenkratzer auf den Rücken und lege die Klappe darauf. Befestige sie an der unteren Hälfte der linken Seite mit Klebeband.

Die helleren Teile sehen aus wie Gebäude in größerer Entfernung.

Male auch die Innenseite der Klappe schwarz an.

Damit die Plakafarbe auf dem Klebeband hält, mische sie mit etwas Bastelleim.

7 Male jetzt den unteren Teil der Klappe schwarz an und benutze nach oben hin hellere Grautöne. Seiten, Rückwand und Dach werden auch schwarz.

8 Zum Schluss werden mit Orange, Gelb und Weiß die Einzelheiten aufgemalt, z. B. Fenster und Schilder. Nimm dafür Acryl- oder Plakafarben.

ART ATTACK

LICHTERSTADT

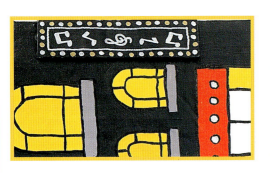

Wenn die Dekoration fertig ist, kannst du die Videostadt benutzen. Sortiere deine Videokassetten ein und stelle den tollen Wolkenkratzer in dein Zimmer.

Farb-Tipp
Acryl- und Plakatfarben lassen sich gut verarbeiten und geben eine glatte Oberfläche. Man kann mit ihnen auch viele Farbtöne mischen.

Großstadtlichter
Für die Dekoration brauchst du viel Zeit, vor allem für die vielen kleinen Fenster. Aber denk daran: Je mehr Mühe du dir gibst, um so schöner wird das Ergebnis. Lass dir Zeit für deine funkelnde Lichterstadt.

Wenn du die Klappen öffnest, findest du gut verpackte Videos.

Gold- und Silber-Marker sind prima zur Verzierung. Damit kannst du die nächtliche Stadt zum Glitzern bringen.

Male auf das hellste Grau ganz winzige Fenster.

Zeichne in die untere Etage der Gebäude große Fenster und Türen.

Nimm für die feinen Linien auf Fenstern und Türen einen schwarzen Marker.

Du kannst auch dreieckige Dächer für einige Hochhäuser zuschneiden.

LICHTERSTADT

Die Stadt wächst

Wenn du nur wenige Videos hast, kannst du auch ein kleineres Gebäude basteln. Und mit deiner Videosammlung, wird dann auch die Stadt immer größer.

Schneide aus Pappe Schilder oder dreieckige Dächer zu. Bemale und verziere sie, dann klebe sie an die Klappe.

In einer großen Stadt gibt es viele Geschäfte. Male ein Schild für das Kino, für eine Bowling-Bahn oder ein Burger-Restaurant.

TIPPS & TRICKS

Auf dieser Seite findest du viele Tricks und praktische Tipps, die dir beim Basteln und Malen helfen können.

Pappe knicken
Umwickle die Scherenspitze mit Klebeband. Fahre damit die Linien nach – nicht durchdrücken!

Pappe lochen
Lege etwas Knetmasse unter die Pappe. Drücke einen spitzen Bleistift durch die Pappe, so dass er in die Knetmasse sticht.

Musterklammern
Schiebe die Klammer durch das Loch, dann trenne die beiden Enden und drücke sie flach.

Zeichnen auf dunkler Pappe
Wenn du auf dunkler Pappe zeichnest, nimm einen hellen Buntstift. Du kannst deine Striche dann besser sehen.

Ballonpumpe
Mit einer Ballonpumpe lassen sich Luftballons schnell und einfach aufblasen. Da kommst du nicht so schnell außer Atem.

Umrisse malen
Zeichne die Umrisse von Einzelheiten auf Modellen mit schwarzem Marker nach. So fallen sie stärker auf und das Modell sieht blitzblank und ordentlich aus.

TIPPS & TRICKS

Bastelleim

Acrylfarbe selbst machen
Wasserfeste Farbe erhältst du, wenn du Plakafarbe mit Bastelleim mischst.

Malen mit Leim
Eine Schicht Leim bringt deine Modelle auf Hochglanz. Beim Aufpinseln sieht der Leim noch weiß aus, aber wenn er trocken ist, wird er klar und glänzend.

Kreide

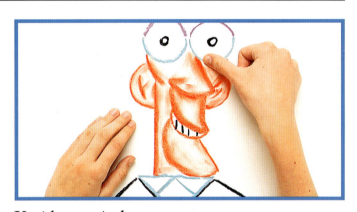

Pastellkreiden mischen
Mische neue Kreidefarben, indem du zwei Farben mit einem Wattebausch oder Pinsel zusammenwischst.

Kreide verwischen
Zieh mit Kreide eine Linie. Sie sieht weicher aus, wenn du sie mit dem Finger verwischst.

Kunstwerke aufhängen

Pass auf, dass die Schnur nicht oben über das Kunstwerk hinausschaut.

Klebepunkte aufkleben, dann erst das zweite Schutzpapier abziehen.

Lege die Schlaufen über beide Enden des Zweigrahmens und ziehe sie fest.

Aufhängeschlaufe
An leichten Gegenständen kannst du eine Schlaufe aus Schnur mit einem Klebestreifen befestigen.

Klebepunkte
Zum Aufhängen von flachen Gegenständen drückst du in jede Ecke einen Klebepunkt.

Lange Schlaufe
Bei schwereren Gegenstände befestigst du an den oberen Ecken eine längere Schlaufe aus Schnur.

  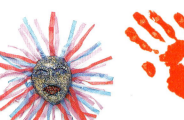 

REGISTER

3-D-Bild 28–29, 30–31, 36–37, 42–43, 44–47, 56–57

Acrylfarbe 19, 20, 27, 45, 63
Alien 13, 27
Aluminiumfolie 42, 43

Ballonpumpe 34, 62
Bastelleim 5, 18, 19, 33, 38, 50, 58, 59, 63
Bindfaden 10, 11, 53, 55, 63
Blume 36–37
Briefpapier 14, 15
Buchhülle 22–23
Buntstifte 33, 56, 57

Drucken 14–15

Farbkreis 17
Farbproben 16, 17
Fisch 31
Flitter 35, 38, 39
Fluglinie 20
Flugzeug 18–21
Frosch 31
Fußabdrücke 14, 15
Fußballspieler 43

Geometrie-Set 24, 25
Geschenkpapier 42
Gesicht 12–13, 24–25
Gold-Marker 21, 26, 27, 60
Grußkarten 30–31, 48–49, 51

Handabdrücke 14, 15

Jahreszeiten 17

Kalender 6–9
Karten 30–31, 48–49, 51
Kassettenhülle 51
Kladde 22
Klarsichtfolie 44–47
Klebepunkte 63
Knitterkunst 42–43
Kreide 16, 24, 40, 41, 63

Luftballon 34, 35, 62

Maske 34–35
Mobile 54–55
Modelliermasse 32, 33
Monster 25, 53
Müll 5, 20
Musterklammer 9, 12, 13, 62

Nagellack 26, 27

Pailletten 35
Papier falten 30, 31, 36, 37, 48, 54, 57
Perspektive 28, 29
Plastikbecher 8, 19

Rahmen 10–11, 44–47, 50–51, 63

Schablonen 14, 15
Schatten 40, 41
Schicht-Bild 28–29, 44–45
Schuhcreme 23
Seidenpapier 34, 35, 52
Silber-Marker 21, 26, 27, 45, 60
Spiegel 50–51, 63
Spinne 54–55
Stiftehalter 32–33
Stofffarbe 26, 27
Superman 43

Tagebuch 22–23
Totenkopf 11, 33, 53
Transparentpapier 28, 29
T-Shirt 26–27
Türklopfer 52–53, 63

Uhr 6–9
Ungeheuer 25, 53

Videokassette 58–61

Wackelohren 12–13
Wasserspeier 53
Wellen 56–57
Wolkenkratzer 58–61

Zahlen 8, 9
Zeichendreiecke 24, 25
Zeitschrift 50, 51
Zweige 10, 11